AF455619

LA

MUSIQUE DE QUATUOR

FEUILLETON

DU

PHARE DE LA LOIRE

(Mardi 6 avril 1869.)

PAR

Édouard GARNIER.

NANTES,
IMPRIMERIE EV. MANGIN.
1869

LA

MUSIQUE DE QUATUOR

Une intéressante séance du quatuor Maurin, Colblain, Mas et Demunck a eu lieu dernièrement à la salle de la société des Beaux-Arts. M. de Bériot, fils du célèbre violoniste belge, et de la Malibran, la plus merveilleuse cantatrice dont on conserve le souvenir, s'est fait également entendre.

Il s'agissait d'être initié à quelques remarquables compositions de musique de chambre, interprétées par de très éminents instrumentistes. Trois noms parmi les plus illustres, *Haydn*, *Mozart*, *Beethoven*, — cette triple expression du beau, — resplendissaient sur le programme. L'occasion est rare d'être convié à pareille fête, et pourtant quelques adeptes, quelques fidèles, quelques esprits délicats et éclairés, ont seuls répondu à l'appel fait à une population nombreuse. Aussi est-ce toujours avec un regret véritable que nous constatons cette indifférence pour l'art pur et élevé.

C'est sans doute pour se conformer à ces tristes tendances du public Nantais que le Conseil municipal, avec une touchante unanimité, vient de décréter l'abandon de l'art parmi nous, en refusant tout subside au Grand-Théâtre ; — et cela à titre d'essai et pour faire quelque chose de nouveau, — comme le dit le procès-verbal de la délibération. — La véritable proposition, celle d'une subvention plus importante à accorder, n'a pas même été appuyée par les deux membres nécessaires pour la faire prendre en considération. La proposition d'un secours *éventuel* de

40,000 francs a seule été rejetée à une faible majorité. Sur tous les autres points le Conseil, comme nous l'avons dit, a été unanime dans ses refus. — En définitive, voulant l'amélioration, le progrès, qu'a-t-on résolu? — Rien. — C'est la montagne qui n'a pas même accouché d'une pauvre petite souris.

L'expérience des autres villes prouve péremptoirement qu'il n'y a rien de bon à attendre de la mesure adoptée. — De plus, est-ce bien faire du nouveau que ne rien faire du tout? — Nous comprenons que dans un but qui peut produire le bien, on tente quelque chose; mais quand, à l'avance, on sait parfaitement que le résultat sera pitoyable, tout essai dans une pareille voie devient aussi illogique qu'inexplicable. Ainsi, pour posséder un bon orchestre, des chœurs habiles et exercés, des artistes de renom, en un mot pour faire face aux frais considérables qu'entraîne l'interprétation des grandes œuvres lyriques, nos édiles reconnaissent qu'une subvention de 80,000 francs est insuffisante; — ils examinent la question sous tous ses aspects, et quand après trois grands mois d'études et de soins, il est dûment avéré pour eux qu'un directeur avec cette somme est dans l'impossibilité de faire honneur à ses engagements envers l'art et la dignité de la ville, ils se décident tout-à-coup à ne plus lui allouer aucun secours, dans l'espoir qu'avec rien, ce directeur fourvoyé pourra bien plus facilement se tirer d'embarras. — La décision est pour le moins originale.

Ce qu'il y a de plus clair dans tout cela, c'est que le Conseil se réserve de la sorte une économie de 80,000 francs sur les années précédentes. — Quel en sera l'emploi ? — Les contribuables s'en trouveront-ils mieux ? — Le Conservatoire, — cette institution utile, moralisatrice, et pourtant si ridiculement subventionnée, —recevra-t-il une obole de plus ? — Cette importante économie ne profitera à personne ; mais, par contre, tout le monde s'apercevra que nous n'avons plus ni orchestre, ni grand opéra dans notre ville.

Et cet orchestre que vous laissez se désorganiser ? — Ces quelques instrumentistes d'un rare et véritable talent qui nous restaient encore malgré tant d'infortunes, et qui vont maintenant forcément partir? — Ne croyez pas pouvoir les remplacer ou les retrouver, quand vous en aurez besoin, avec la même facilité que vous émettez un vote quelconque. Le bon orchestre ne s'improvise pas comme un discours officiel. Que de peines, de soins, d'efforts persévérants pour l'assouplir, le rendre homogène, et le faire se fondre dans un ensemble retentissant et harmonieux, doux et fort, riche d'accents pénétrants et de nuances délicates !

Par suite du peu d'ambition et de l'inertie de la Municipalité, voilà donc Nantes assimilé, comme importance et ressources instrumentales, aux villes voisines les plus secondaires ! — Nantes n'aura pas même un orchestre! — car quelle est la direction théâtrale, non subventionnée, qui voudra jamais ou qui pourra même s'imposer les charges si lourdes, si onéreuses d'un orchestre complet? — Cette décision est encore plus affligeante quand on songe que cet orchestre était dirigé par un chef expérimenté dont un séjour de vingt-cinq ans parmi nous a si pleinement confirmé le talent remarquable et la parfaite honorabilité.

C'est ainsi qu'on détruit en un instant ce qu'il faut de longs jours pour réédifier. — Mais comme dit Hamlet :

« Les choses vont fort mal au temps où nous vivons.
» Et tout remettre en ordre est une rude affaire. »

Nous nous proposons tôt ou tard de faire ressortir les conséquences misérables de ce vote désastreux. En attendant, souhaitons qu'une fournée nouvelle de conseillers municipaux plus soucieux, plus soigneux des nobles intérêts de l'art, — ces éléments incontestables et précieux d'instruction, de luxe utile et de supériorité d'une grande cité, — permette à Nantes de rappeler de la déchéance à laquelle on la condamne un peu trop aisément en cette circonstance.

Qu'on nous pardonne cette digression. — C'était un devoir pour nous de protester tout d'abord, en faveur de l'art, contre une solution qui le frappe si impitoyablement et qui compromet si gravement l'avenir musical de la ville.

La combinaison instrumentale connue sous le nom de *quatuor* est l'une des parties les plus intéressantes de la bibliothèque musicale. Ce genre de musique intime, réservé autrefois aux seuls connaisseurs, tend chaque jour à s'écarter de son caractère primitif pour devenir le plaisir de tous ; mais, dans cet ordre d'idées, la seule bonne volonté ne suffit pas, et, pour y trouver un plaisir complet il faut encore être à même d'en pénétrer le sens.—Un siècle s'est à peine écoulé depuis les premiers essais de musique de quatuor. A partir de cette époque, c'est-à-dire vers 1760, bien des génies divers ont traité ce genre élevé de l'art, et s'y sont illustrés par les qualités particulières qui les distinguent ; mais trois esprits d'élite, résumant les conditions disséminées chez tous, semblent avoir réalisé dans leurs œuvres tout ce que l'art peut offrir de plus parfait. *Haydn*, *Mozart*, *Beethoven*, en creusant cette mine féconde et par la succession non interrompue de leurs travaux pendant une période de plus de soixante ans, ont, à la fin du siècle dernier, amené la musique à un état de perfection qu'on pourrait comparer à celui où se trouvait la littérature au temps de Louis XIV, ou la peinture au temps de Léon X.

Il serait utile, pour bien faire comprendre la valeur de leurs œuvres et suivre les développements particuliers qu'ils ont apportés dans l'art, d'indiquer quelles étaient avant eux les ressources instrumentales appropriées à ce qu'on appelait alors *musique de chambre*, et ce qu'était cette musique, à son enfance. — Mais notre cadre étroit ne nous permet pas d'aborder les nombreux détails de cette origine. — Analysons donc seulement la forme des morceaux qui composent le quatuor en général , et disons le rôle de chacun des instruments qui en est l'interprète. C'est à l'excellente étude de M. Eugène Sauzay sur le quatuor que nous empruntons les explications qui suivent et quelques-unes de nos appréciations.

Un quatuor se compose le plus souvent de quatre morceaux.

Le *Premier Morceau*, ordinairement d'un mouvement modéré, sert en quelque sorte d'exposition et détermine le caractère de ceux qui le suivent. On y trouve d'abord une première reprise dans laquelle l'auteur expose les *idées mères*, et qu'on redit pour le mieux faire apprécier; puis une seconde reprise où, comme un habile avocat, il présente ces mêmes idées sous toutes leurs faces, les travaille, les modifie, par les changements de partie, de ton, d'accompagnement, et revient enfin par la modulation au sujet principal suivi d'une conclusion. On voit, au premier coup d'œil, tout ce qu'un esprit bien ordonné peut tirer d'un pareil développement, et combien cette forme est logique.

Vient ensuite, sous la forme du *Largo*, de l'*Adagio* ou de l'*Andante*, mouvements lents, ce qu'on pourrait appeler la partie méditative du quatuor. Tantôt sa largeur élève la pensée, tantôt sa douceur l'attendrit. — Là, l'esprit se calme. — Ce genre de morceau avec l'*Andantino*, qui en est l'expression animée, n'est pas toujours à deux reprises. Quelquefois, l'idée mélodique, sans revenir sur elle-même, se déroule (particulièrement dans l'œuvre de Haydn) sous la forme d'un air de chant récité par le premier violon, et seulement accompagné par les autres parties, comme une figure se détachant sur le fond d'un tableau. Souvent aussi, c'est la place d'un thème varié, et quels admirables exemples nous en pourrions citer ! — On en veut beaucoup aujourd'hui à cette forme du thème varié, que l'on repousse comme usée ou passée de mode, ce qui s'explique par l'abus qu'en ont fait les exécutants ; néanmoins il est bon de juger prudemment cette question, et l'on ne sait, pas assez que l'adagio de la symphonie de Beethoven en *ut* mineur, celui de la symphonie avec chœurs et tant d'autres morceaux qu'on regarde comme des types d'innovation, sont des thèmes variés qui déguisent leur origine en s'enchaînant sans reprises.

Un morceau court, toujours à trois temps, le *Menuet*, vient se placer ici entre l'adagio et le finale. Il est coupé en deux parties, chacune formée de deux reprises. La seconde de ces deux parties est le plus souvent dans un ton différent et s'écrivait autrefois en *Trio*, comme l'indique le nom qui lui est resté ; puis un *Da capo* ramène au menuet que l'on dit sans reprises, et par lequel on termine. Ce morceau de transition, d'un effet sûr par l'agrément et la concision de sa forme, nous vient évidemment des anciennes danses : menuets, pavanes, chaconnes, gigues, gavottes.

Quant au *Scherzo*, qui parfois prend la place du menuet et qui lui emprunte en général la forme première du *trio*, des *reprises* et du *da capo*, Beethoven a souvent donné à ce genre de morceau, plus usité chez lui que le menuet proprement dit, un mouvement vif, qui se bat à un temps, et des développements plus étendus.

Le quatuor se termine par un *Finale* qui n'est pas toujours à deux reprises, mais dont toutefois le caractère dominant est le retour fréquent et périodique du motif principal ; telle est par exemple la coupe en *Rondo*.

Dans le *Finale*, les développements, participant de la nature active et entraînante des idées premières, raniment l'auditeur par le charme de la vivacité, ou le reposent des morceaux qui précèdent par la légèreté du style.

Telle est, en général, la forme du quatuor, que le génie ou la fantaisie peuvent varier à l'infini, mais dans laquelle ont été écrits les plus beaux morceaux du genre.

Si on analyse cette forme, on trouve d'abord, au point de vue général de l'art, qu'elle a, par la diversité de ses parties, l'avantage de réaliser le grand principe de la *variété* dans l'*unité*, et, au point de vue spécialement musical, de prouver que la langue des sons a sa grammaire et sa logique, comme toute autre langue ; — qu'en musique, comme en littérature, la phrase obéit à des lois d'enchaînement et de déduction, — et que, pour tout esprit attentif et exercé, elle peut et doit exprimer, sans sortir de son domaine, tout un ordre de sentiments et d'idées, depuis les plus élevés jusqu'aux plus simples. La musique, considérée ainsi, n'est plus alors pour l'auditeur un simple plaisir d'oreille, mais devient un intérêt puissant, dont les causes et les effets s'adressent à la fois au cœur et à l'esprit de chacun, selon son degré d'instruction ou d'intuition naturelle.

Examinons maintenant quelles sont les ressources instrumentales du quatuor proprement dit, et leur valeur individuelle et relative.

Deux violons, un alto, un violoncelle. Mais qu'on ne s'y trompe point, ce petit orchestre renferme une puissance mystérieuse qu'on ne lui supposerait pas. Ces quatre voix sont à la fois quatre esprits qui chantent, parlent, discutent ou s'harmonisent sous l'influence qui les domine.

Au *Premier Violon* appartient de droit le choix et la responsabilité du mouvement, l'indication du caractère général de l'œuvre, l'initiative de la phrase ; toutes conditions dont dépend essentiellement l'ensemble moral et matériel du quatuor. — Il doit, comme un chef d'orchestre, dominer l'ensemble, entraîner ou retenir, mais cependant toujours être prêt à abdiquer afin de prendre, au moment voulu, le rôle d'accompagnateur. Sans cette souplesse d'autorité du premier violon, le quatuor devient confus, dégénère en vacarme, et, entraîné par l'exemple du chef, chacun écrasant et dominant son voisin, triomphe égoïstement sur les ruines de l'œuvre.

Le *Second Violon*, confident naturel du premier, est cependant, malgré son rôle modeste, appelé à tout moment à dominer à son tour dans cette conversation musicale. Cette partie, jouée autrefois sur un instrument plus grand que le violon à la française dont se servait le premier violon, se distinguait facilement dans l'ensemble ; mais, aujourd'hui que le son des deux instruments est identique, il faut, de la part de l'exécutant, infiniment de tact et de discrétion pour maintenir cette partie à sa place, et de la part de l'auditeur une grande attention pour la suivre dans ce rôle délicat qui la fait tour à tour paraître ou disparaître, selon qu'elle est chargée d'un dessin intéressant ou d'un accompagnement secondaire.

Quant à l'*Alto* ou *Viole*, son rôle dans le quatuor est tout de conciliation. Accordé à la quinte inférieure du violon, il semble, par la nature même de cet accord, placé là pour relier l'aigu du violon au grave de la basse. Sa voix douce et expressive participe, tout en gardant son timbre particulier, de la rondeur de l'un et de la légèreté de l'autre; c'est à lui qu'on confie ces notes dont la sensibilité plaintive ne peut être traduite ni par la voix dominante du violon, ni par la fermeté puissante de la basse; — il semble être au quatuor ce que le basson est à l'orchestre. Que d'exemples à citer où cet instrument paraît avoir inspiré la phrase qu'il est chargé de rendre.

Vient enfin le *Violoncelle*, qui se présente sous le double aspect de basse grave d'accompagnement, ainsi que l'emploie Haydn dans un grand nombre de ses quatuors, ou de partie chantante embrassant toute l'étendue du diapason, et aussi chargée de traits que les trois autres parties du quatuor, ainsi que l'ont traitée Mozart et Beethoven, et, après eux, tous les compositeurs modernes. C'est sur cette partie que s'appuie, comme une clef de voûte, l'édifice harmonique, et son importance comme aplomb du quatuor, modulations, etc., égale presque celle du premier violon.

Dans le *quintette*, l'adjonction d'un second alto ou d'une seconde basse modifie les ressources de la sonorité et prête aux effets symphoniques.

Quant au *Trio*, qui se traite en général dans un style concertant, il est écrit tantôt pour deux violons et basse, tantôt, et le plus souvent, pour violon, alto et violoncelle. On sait quel parti Beethoven a tiré de cette dernière combinaison dans son *œuvre 9* qui en offre un modèle achevé.

Voilà donc le quatuor envisagé sous le double rapport de *la forme de l'œuvre* et du *caractère des instruments*. Joignons à ces deux conditions le *sentiment créateur* qui domine et éclaire le tout, et nous comprendrons alors toute la grandeur d'un art qui peut intéresser et charmer à des points de vue si différents : — le savant, par l'intérêt de la forme ; l'instrumentiste, par celui de l'exécution ; — le poète, par la langue qui répond le mieux à la sienne.

Le plaisir que procure le quatuor se présente sous des aspects et à des degrés divers. Disons, cependant, que la meilleure condition pour bien goûter ce genre de musique est l'intimité dont le charme s'allie si bien au naturel et à la simplicité que les maîtres ont su y garder. — Aussi est-ce dans ces aimables réunions d'artistes et d'amateurs, où le culte de l'art est traditionnel, dans ces réunions intimes composées d'amis choisis, habitués à pratiquer le beau sous toutes ses formes, dans ce petit groupe d'esprits éclairés dont l'admiration sympathique touche et inspire l'exécutant, que se trouve, sans contredit, le vrai plaisir du quatuor et qu'il atteint sa plus complète expression. — Les quatuors se succèdent, Haydn mène à Mozart, Mozart à Beethoven ; les quatre exécutants n'ayant plus qu'une âme et pénétrant ensemble dans ces mystérieuses beautés, s'élèvent, eux et leurs auditeurs, jusqu'aux plus hautes régions de l'art. — C'est un charme puissant que les initiés ressentent seuls, et que la parole ne peut pas rendre.— Mais qu'un indifférent pénètre dans ce milieu d'actives sensations, d'admirations chaleureuses, et l'on sent aussitôt qu'un profane est entré et que tout cet édifice, né de l'intelligence et de la conviction, s'ébranle et peut s'écrouler sous cette seule impression d'ignorance ou d'ennui. — Si, pour parer à ce danger et jouir de ces chefs-d'œuvre dans la solitude et le recueillement, on s'enferme sans auditeurs, on reconnaît bien vite que ces grandes idées sont trop généreuses elles-mêmes pour avoir été créées dans le seul but d'un plaisir égoïste et qu'il est de leur essence d'être communiquées et partagées.

On comprend donc l'importance du rôle de l'auditeur et l'influence qu'il exerce sur l'exécutant par un échange sympathique de mutuelle et intelligente admiration. — Tout le monde entend, mais peu écoutent, et un plus petit nombre comprend. — Aussi n'est-ce pas chose facile de trouver de véritables auditeurs ?

Ce qui distingue cette musique de toute autre, et particulièrement de celle de théâtre, c'est qu'elle peut être parfaite et complète en elle-même sans sortir de son propre domaine, par le seul intérêt des heureuses combinaisons qu'elle fournit au génie. Elle doit être considérée le plus souvent comme un noble divertissement de l'esprit, comme un luxe dans l'art que Dieu permet à l'homme, ainsi qu'il crée des fleurs pour charmer ses yeux. — Combien de chefs-d'œuvre à citer parmi ceux de nos maîtres auxquels il serait impossible d'assigner un caractère déterminé et qui ne sont beaux que par le choix des proportions et l'harmonie de l'ensemble, pareils à la *Joconde* de Léonard, dont le sourire nous séduit sans que nous ayons l'idée ou le désir d'en rechercher la cause.

Mais il est temps de parler des numéros du programme.

Le premier morceau qu'on a entendu a été le *10*^me^ quatuor, en *mi bémol* majeur, dédié au prince Lobkowitz, œuvre *74* de Beethoven. — A partir de ce quatuor, tous ceux qui ont suivi, jusqu'au dernier, n'ont plus paru par œuvres de 3 ou 6, mais séparément comme les symphonies. — Cette composition est appelée en Allemagne quatuor pour harpe, à cause des *pizzicati* du premier allegro. Elle débute par une introduction de 24 mesures — *Poco Adagio* — d'un caractère sombre, expressif et de la plus belle harmonie. — Le motif pizzicato de l'*Allegro*, l'*Adagio*, le *Presto* énergique qui tient la place du scherzo, et l'*Allegretto con variazoni* qui le termine, placent ce quatuor parmi les inventions les plus originales et les plus poétiques de Beethoven.

Quelques parties du 13me quatuor, *si bémol majeur*, dédié au prince Galitzin, œuvre *130* du même illustre maître, ont seules été exécutées. — Ces fragments sont : — *Alla Danza Tedesca*, en sol majeur : la *Cavatine*, en *mi bémol majeur* ;— et le *Presto*, en *si bémol mineur*. — Ce quatuor porte la date 1825-1826. — Les quatre morceaux compris entre l'*Adagio ma non troppo* et le *Finale allegro* semblent renfermer l'avenir de la musique de chambre. — De Lenz, un panégyriste bizarre et décousu qui est à Beethoven ce que Oulibicheff est à Mozart, dit que ce presto, cette cavatine sans nom dans le langage musical, cet adagio sans plus de précédents, sont de la *poussière d'étoiles.* Le *Finale*, *deux-quatre*, composé en novembre 1826, est la dernière composition terminée de Beethoven, qui mourut quatre mois plus tard (26 mars 1827).

C'est à l'œuvre *127* (quatuor 12ᵉ, en *mi bëmol majeur*) que commence la série des derniers quatuors de Beethoven. Ces six quatuors, dernière expression de ce génie novateur, et type de sa plus grande individualité, ont été et seront longtemps encore un champ ouvert aux plus vives discussions. Pour les uns, ces dernières œuvres ne sont plus que le résultat incomplet de la vie douloureuse de leur auteur; les autres, au contraire, y voient l'idée réalisée, le point de perfection du maître. — Voici comment Baillot les définit : — « Beethoven » nous introduit dans un nouveau » monde ; vous traversez des régions » sauvages, vous longez des précipices ; » la nuit vous surprend ; vous vous » réveillez, et vous êtes transporté » dans des sites ravissants ; un para- » dis terrestre vous entoure, le soleil » luit radieux pour vous faire com- » prendre les magnificences de la na- » ture. »

Cette appréciation explique, mieux que tout ce qu'on peut dire à ce sujet, les causes de l'intérêt ou du déplaisir qu'exercent ces quatuors.

Le 13me quatuor dont nons avons parlé présente, dès son début comme trait distinctif. l'innovation de l'emploi successif, mais très rapproché, de deux sujets différant à la fois de mouvement et de caractère ; — l'un à *trois-quatre*, tout expressif, (mesures 1 à 14) ; — l'autre à *quatre temps*, purement rhythmique, (mesures 15me et suivantes, — Sans vouloir juger à propos d'un chef-d'œuvre du maître, si.

dans le quatuor, cette complication est un progrès ou un abus, faisons remarquer que les difficultés, dans lesquelles elle entraîne exécutants et auditeurs, par ces brusques transitions, se simplifient néanmoins beaucoup quand on considère,—tout en gardant le caractère propre à chaque phrase,— ces diverses mesures comme la division d'une même unité. C'est là, peut-être, une des plus grandes difficultés à vaincre pour l'intelligence de ces œuvres dernières. Aussi devant la multiplicité de leurs nuances qui tendent à élargir jusqu'à des horizons encore inconnus le domaine de l'expression musicale, on reconnaîtra que pour jouer ou juger ces œuvres il faut une parfaite connaissance de l'ouvrage et la plus scrupuleuse attention.

On voit que Beethoven a apporté dans le quatuor les mêmes modifications, la même progression de vue que dans les autres parties de l'art. — Ses premières compositions s'inspirent plus directement des maîtres qui le précédaient, mais bientôt ses idées prennent cette couleur mélancolique et rêveuse, puissante et sombre, qui le caractérise dorénavant. A ce moment, il se sépare du monde, ce n'est plus à l'homme qu'il demande ses inspirations, qu'il confie ses secrets ; il entre au nombre de ces grands penseurs qu'on peut appeler les *solitaires de l'art*. Entre ce double idéal, *Dieu* et la *nature*, sous cette impression de grandeur intime qui lui faisait dire : — « Je sais que Dieu est plus proche de moi dans mon art que des autres, » — il a montré particulièrement, dans ses derniers quatuors, tout ce que cette vie entière de recherches et de solitude lui avait montré de routes inexplorées.

Si Beethoven a, comme d'autres génies, écrit dans son œuvre l'histoire de son temps, il a encore plus écrit celle de sa vie. Les trois époques que l'on y signale peuvent former les trois chants de ce poëme humain : Au matin, les sérénades, le septuor ; — au milieu du jour, cette belle et forte musique qui nous le montre dans la plénitude de son génie ; — au soir, ses dernières compositions mystérieuses et sombres, qu'on pourrait appeler l'œuvre de l'avenir. C'est un livre dans lequel tout se déduit et s'enchaîne, dont il ne faut rien retrancher pour le bien comprendre, et qui, malgré les dangers qu'il pourrait offrir à l'inexpérience ou à l'imitation systématique, sera toujours, pour tout esprit sérieux, un sujet d'enseignement et d'admiration.

Le 2e quatuor en *ré mineur* de Mozart qui figurait sur le programme a été remplacé par le grand *trio* en *ré mineur* pour piano, violon et violoncelle, œuvre 49 de Félix Mendelssohn-Bartholdy. — Ce quatuor, que plus d'un était très désireux d'entendre, fait partie des six quatuors dédiés à Joseph Haydn et composés en 1784 et 1785. Haydn les entendant à Vienne dit au père de Mozart ces mémorables paroles : — « Je vous déclare devant » Dieu et comme un honnête homme » que je tiens votre fils pour le plus » grand des compositeurs dont j'ai en» tendu parler. » — En réponse à cette précieuse sympathie du grand Haydn, Mozart lui a dédié cette œuvre, *fruit de ses veilles*, comme il l'écrit dans une préface touchante, en le nommant *son père et son ami*. Cette lettre, datée aussi de Vienne (4 septembre 1785), est formulée dans les termes les plus tendrement respectueux, et nous regrettons, faute d'espace, de ne pouvoir la reproduire ici.

Le susdit quatuor — annoncé, mais non exécuté — est empreint de noblesse, de sensibilité et de passion. Type d'accent dramatique, il est écrit dans ce ton de *ré mineur* que Mozart affectionne et qu'il emploiera plus tard dans *Don Juan* et le *Requiem*.

Inspirations mélodieuses, profondes, sensibles, — grâce et mélancolie, — gaieté et passion, — science poussée parfois jusqu'à l'impossible, — chez Mozart le génie dans toute sa puissance rayonne, et devançant le temps et l'expérience , fait de cette existence musicale d'enfant et de jeune homme un mystère qu'on ne peut qu'admirer ; sans chercher à s'en rendre compte. — A toutes ces qualités vient se joindre cet accent théâtral, qui rend son œuvre de quatuor si sympathique à ceux mêmes qui, ignorants des secrets de la musique instrumentale, y retrouvent les chants dramatiques et passionnés et la facilité de facture inhérente à cette partie de l'art, dont il est le maître par excellence. — Pour eux, la musique de Mozart est pour ainsi dire plus en *scène* que celle de Haydn et de Beethoven.

Ainsi, Mozart, sans tâtonnements, sans essais apparents, entrait en maître, dès ses premiers quatuors, dans le sillon tracé si profondément par Haydn, semblant placé là non seulement pour donner au monde, qu'il a doté de chefs-d'œuvre merveilleux dans tous les genres, le spectacle du plus étonnant prodige musical, mais encore pour servir de lien entre le maître qui le précédait et celui qui allait le suivre et représenter l'art moderne.

On a seulement exécuté l'*Allegro moderato* en *sol majeur*, et l'*Adagio* en *mi bémol majeur* du 81me quatuor de Haydn, et ces fragments ont terminé le concert. Il faut classer encore ce quatuor parmi les plus beaux de la collection.

Arrêtons-nous un moment devant l'œuvre de Haydn.

Toute parole est impuissante pour rendre cet ensemble de perfection, cette admirable réunion de jeunesse et d'expérience qu'on trouve chez Haydn. — Quel chemin parcouru par cette rare intelligence depuis ses premiers *petits quatuors* jusqu'à ses derniers, qu'on peut, à tant de titres, appeler les *grands!*—L'illustre Joseph Haydn, qu'on a si justement nommé le père de la symphonie, peut aussi être regardé comme le créateur du quatuor instrumental. — On est saisi d'admiration à la pensée des nombreux chefs-d'œuvre qu'il a composés, malgré les entraves qu'il s'imposait, et les considérations de toute sorte auxquelles il était obligé de se soumettre. Dans cette suite de chefs-d'œuvre du maître, on constate : la création du genre, la simplicité dans la forme, l'élévation de l'âme jusqu'au sublime, l'inépuisable variété de style, et, par dessus tout, cette inimitable faculté qui permet à Haydn de remplir l'immense horizon de son génie, tout en se renfermant dans les proportions les plus concises. — C'est de ce pouvoir de diriger et d'accomplir son œuvre, sans jamais en être dominé, c'est de cette justesse et de ce charme de proportions, que naissent pour l'auditeur de la musique de Haydn ce bien-être, ce repos de l'esprit et du cœur que donne seule la contemplation du beau, et que nul n'a su mieux faire goûter que lui.

Il existe de certains rapports entre les nombreux adagios des quatuors de Haydn et cette grande musique de Gluck, toute remplie de ce qu'on pourrait appeler le *calme antique*; mais chez Haydn, cette expression se traduirait mieux par *sérénité chrétienne.* En effet, on sent partout à quelle source il allait puiser l'inspiration lorsqu'elle lui faisait défaut. C'est là qu'il a trouvé cette musique dans laquelle se mélangent à un égal degré la douceur et la fermeté, cette musique qu'on peut dire *saine à entendre*, et qui est toujours un bon conseil en même temps qu'un agréable et noble plaisir.

Haydn, le premier en date, — (il est né vingt-quatre ans avant Mozart, et lui a survécu dix-huit ans), — commence la publication de ses quatuors en 1764 ; Mozart donne les siens en 1785 ; Beethoven complète la série en 1800.

Nous avons dit que Haydn entendant à Vienne en 1785 les quatuors de Mozart le déclare le plus grand compositeur dont il ait jamais entendu parler. — Plus tard, Beethoven, plein des mêmes sentiments d'admiration pour ce maître vénéré, lui offre son deuxième œuvre de sonates pour piano. — Vers 1787, Beethoven, alors âgé de seize ans, est présenté à Mozart dont il aimait passionnément la musique, et Mozart, après l'avoir entendu improviser sur un sujet très compliqué de fugue qu'il lui avait donné, dit à ceux qui l'entouraient : — « Vous entendrez parler de ce garçon-là. »

On voit donc par les faits qui précèdent que tous trois ont été contemporains, et qu'ils ont pu, à des degrés différents, se connaître et s'apprécier. Aussi, tout en admirant combien Mozart et Beethoven ont grandi, alors qu'entraînés par leur propre génie, ils ont créé à leur tour un type particulier et original, on ne peut nier qu'ils n'aient appris l'un de l'autre, Mozart par Haydn, Beethoven par Mozart, cet art dans lequel, en envisageant largement la question, on pourrait dire qu'*ils ne font qu'un.*

Voilà pourquoi ils représentent et personnifient pleinement à eux trois ce qui, dans l'histoire de l'esprit humain, s'appelle une *époque ;* c'est-à-dire un de ces temps féconds pendant lesquels une succession de génies puissants ont pour mission de fonder un ensemble de lois souveraines. — C'est ainsi qu'il faut considérer l'art pour en comprendre toute la grandeur ; — alors à l'engouement, au mauvais goût du jour, on oppose la suite, l'enchaînement d'œuvres conséquentes les unes avec les autres ; — on sent naître un jugement solide, éclairé, qui empêche de blâmer l'un pour exalter l'autre et donne cette vue large et généreuse qui prend le bien partout où il est.

Le présent ne peut être complet qu'à la condition d'être un composé de passé et d'avenir, de tradition et d'invention. Les œuvres immortelles ont été écrites sous l'empire de ces convictions. En les étudiant, on comprend que le vrai génie n'est jamais isolé dans l'art, ne recevant qu'à la condition de transmettre : — Mozart prend le pur flambeau de la main de Haydn, et le transmet à Beethoven plus brillant encore.

En terminant ces réflexions sur le quatuor instrumental, il serait injuste de ne pas mentionner ici un nom également cher aux amateurs de musique de chambre : *Louis Boccherini*, qui a si puissamment contribué à la création du genre du quatuor. — Contemporain de Haydn et des autres grands maîtres, il a vécu sans communication avec le monde musical de son temps. Aussi est-il une individualité qui doit être envisagée à part. Le premier, il a fait des quatuors. Sa musique est naïve, mélodieuse, simple dans ses modulations, d'un caractère suave et religieux. Il a composé surtout un grand nombre de quintettes très remarquables par la grâce, la naïveté et l'originalité du style. —

Les lecteurs curieux trouveront dans la notice écrite par M. Picquot de Bar-le-Duc les plus utiles renseignements sur ce maître.

Nous aimerions citer quelques traits de la vie de ces grands compositeurs, — ces épisodes sont nombreux et intéressants, — mais l'espace nous manque et il faut forcément nous arrêter.

Il nous reste à parler des instrumentistes et de l'exécution.

M. Maurin est un virtuose connu. C'est la seconde fois que nous avons occasion de l'entendre à Nantes. Ses séances de quatuors sont depuis longtemps très appréciées à Paris et partout où elles se produisent. Il a sous sa direction les partenaires les plus méritants. — Le style de M. Maurin est fort beau. Son jeu est entraînant et mélangé des nuances les plus délicates. Il communique aisément à son auditoire la conviction qui l'anime. Il a dit notamment le délicieux *Adagio* du *81*me quatuor de Haydn avec une expression pénétrante.

Le rôle de second violon est modeste, en apparence, dans le quatuor, mais il réclame la souplesse et les qualités sérieuses que possède si bien M. Colblain.

M. Mas est un alto très distingué. Dans les variations de l'*Allegretto, mi bémol majeur*, du 10e quatuor (œuvre 74) de Beethoven, on a remarqué plus particulièrement la beauté du son, le charme de l'expression, et l'élégance d'archet qui le caractérisent.

M. Demunck (violoncelle) s'est également fait applaudir dans le même morceau. Sa partie a toujours été tenue avec une véritable supériorité. C'est un artiste d'avenir.

Les détails dans lesquels nous sommes entrés sur les ressources instrumentales du quatuor, feront mieux apprécier, sans doute, le rare mérite des exécutants.

De Bériot, — la Malibran, — quel héritage artistique pour leur fils ! — Quels glorieux souvenirs évoqués par ces noms célèbres! — De Bériot, le violoniste excellent et pur! Esprit méditatif, il cherchait en lui-même le principe du beau. Parvenu à sa maturité, son talent offrait la réunion des qualités les plus précieuses : le son, la justesse, un goût élégant, un style personnel, enfin le charme, dans lequel il n'a été surpassé, peut-être même égalé par aucun autre. Ses derniers concertos sont pleins d'idées charmantes et de traits brillants.

La Malibran,— *belle muse adorée !*— comme l'appelle Alfred de Musset, — âme ardente et inspirée, créatrice de ce chant dramatique qui s'imposait forcément à ses rivales, réduites à l'imiter !

C'est pour ainsi dire sous le rayonnement de cette double couronne que s'est présenté ce jeune homme à la physionomie sympathique qui venait nous demander la consécration de sa réputation. — M. de Bériot a joué avec une rare perfection de style, d'expression et de mécanisme, le *Trio* en *ré mineur* de Mendelssohn. — MM. Maurin et Demunck l'ont accompagné et mis en relief avec un grand talent les belles phrases concertantes de leurs parties.

Chez cette haute intelligence et cette âme chaleureuse qui s'appela

Félix Mendelsshon-Bartholdy, la vie circule, la passion déborde. Ses trios et quatuors de piano, les deux sonates, et les variations sur un motif original pour piano et violoncelle, sont ce qui a été écrit dans ce genre de plus capital depuis la mort de Beethoven. Les concertos de piano, le concerto de violon, le caprice pour piano avec accompagnement d'orchestre sont des chefs-d'œuvre du goût le plus pur. Les trios de Mendelssohn sont même un progrès comme musique de piano sur ceux de Beethoven, comme déjà les sonates de Weber étaient un progrès en tant que musique d'instrument sur les sonates de ce grand maître. — Mendelssohn a créé des idées, il les exprime dans la langue de Beethoven. Cette nature d'élite aura marqué une époque de transition qui portera son nom et qui laisse entrevoir une évolution nouvelle de l'art.

Dans un précédent article nous avons analysé avec soin le beau *Trio* en *ré mineur*. — Cette fois encore il a eu les honneurs de la soirée.—Ses phrases fiévreuses, passionnées et tendres ont ému quelques auditeurs jusqu'aux larmes. — L'exécution a été excellente. — Le *scherzo*, *six-huit* en *ré majeur*, a été surtout détaillé avec une délicatesse exquise.

M. de Bériot a fait applaudir aussi deux de ses compositions pour piano : —une Ballade expressive, et une grande Etude-Caprice dont la péroraison véhémente succédant à un chant calme et léger a été enlevée avec une fougue extraordinaire. — Compositions et artiste ont eu un succès complet.

En définitive cette seconde séance de musique de quatuor a causé un plaisir encore plus grand que la première et doit engager les intelligents organisateurs de ces soirées à nous procurer de fréquentes occasions d'entendre ces œuvres resplendissantes interprétées par des virtuoses comme M. Maurin et ses dignes émules.

EDOUARD GARNIER.

ERRATUM.

Page 29, — 1re ligne : Au lieu de : — *Sans jamais en être dominé*,— lisez : — « Sans jamais être dominé par elle, » —

Nantes, imprimerie Ev. Mangin.

www.ingramcontent.com/pod-product-compliance
Ingram Content Group UK Ltd.
Pitfield, Milton Keynes, MK11 3LW, UK
UKHW021531260726
13993UKWH00004B/1918

9 782329 595146